Impressum
Verlag: BABADADA GmbH, Nedderfeld 112 , 22529 Hamburg
Geschäftsführer / Verlagsleitung: Harald Hof
Druck: Books on Demand GmbH, In de Tarpen 42, 22848 Norderstedt

Imprint
Publisher: BABADADA GmbH, Nedderfeld 112 , 22529 Hamburg, Germany
Managing Director / Publishing direction: Harald Hof
Print: Books on Demand GmbH, In de Tarpen 42, 22848 Norderstedt, Germany

skola

xue xiao

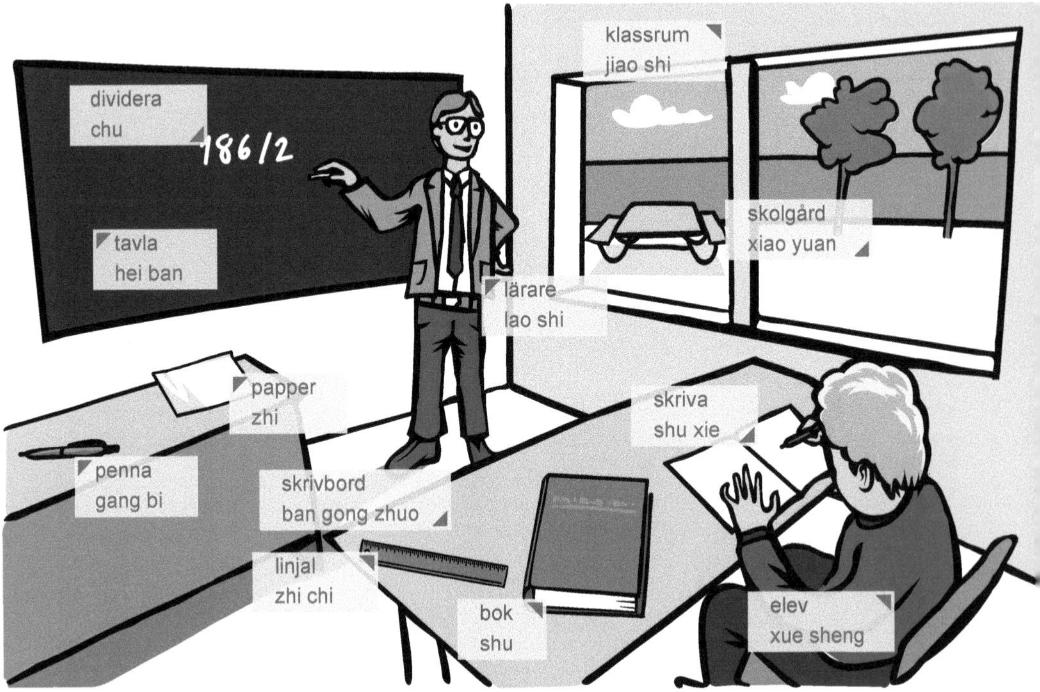

klassrum
jiao shi
dividera
chu
186/2
skolgård
xiao yuan
tavla
hei ban
lärare
lao shi
papper
zhi
skriva
shu xie
penna
gang bi
skrivbord
ban gong zhuo
linjal
zhi chi
bok
shu
elev
xue sheng

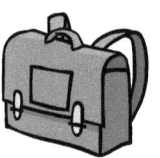

skolväska

shu bao

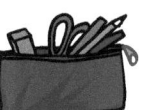

pennfodral

qian bi he

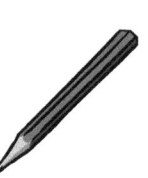

blyertspenna

qian bi

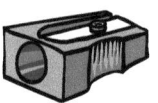

pennvässare

juan bi dao

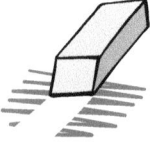

suddgummi

xiang pi ca

ritblock

hua ban

teckning

tu hua

pensel

hua bi

målarlåda

yan liao he

sax

jian dao

lim

jiao shui

övningsbok

lian xi ce

hemläxa

jia ting zuo ye

12

tal

shu zi

2+2

addera

jia

5-2

subtrahera

jian

2×2

multiplicera

cheng

räkna

ji suan

A

bokstav

zi mu

ABCDEFG HIJKLMN OPQRSTU VWXYZ

alfabet

zi mu biao

hello

ord

zi

text

ke wen

läsa

du

krita

fen bi

lektion

shang ke

register

deng ji

prov

kao shi

intyg

zheng shu

skoluniform

xiao fu

utbildning

jiao yu

uppslagsverk

bai ke quan shu

universitet

da xue

mikroskop

xian wei jing

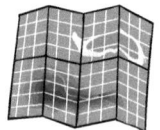

karta

di tu

papperskorg

fei zhi kuang

resa
lü xing

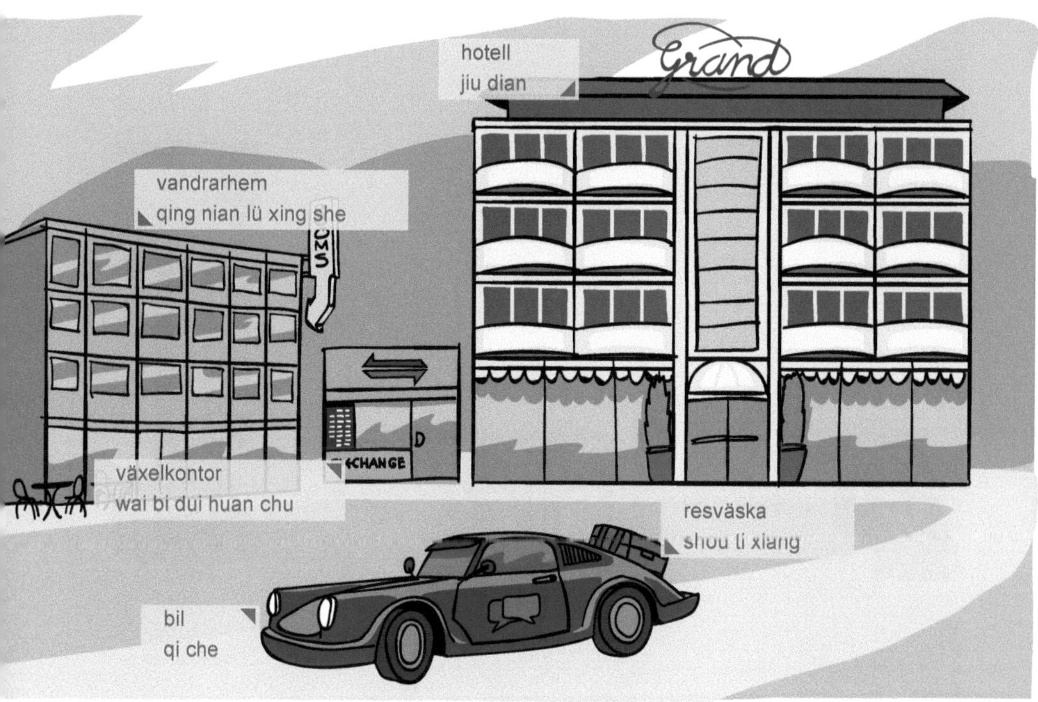

hotell
jiu dian
vandrarhem
qing nian lü xing she
växelkontor
wai bi dui huan chu
resväska
shou li xiang
bil
qi che

språk

yu yan

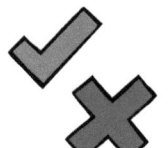

ja / nej

shi/fou

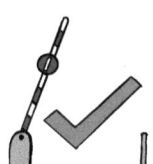

Okay

hao de

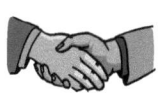

hej

nin hao

översättare

fan yi yuan

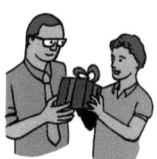

Tack

xie xie

hur mycket kostar...?

......duo shao qian?

jag förstår inte

wo bu ming bai

problem

wen ti

God kväll!

wan shang hao!

God morgon!

zao shang hao!

God natt!

wan an!

hejdå

zai jian

riktning

fang xiang

bagage

xing li

väska

bao

ryggsäck

shuang jian bao

gäst

ke ren

rum

fang jian

sovsäck

shui dai

tält

zhang peng

turistinformation

lü you xin xi

strand

hai tan

kreditkort

xin yong ka

frukost

zao can

lunch

wu can

middag

wan can

biljett

piao

hiss

dian ti

frimärke

you piao

gräns

bian jie

tull

hai guan

ambassad

da shi guan

visum

qian zheng

pass

hu zhao

transport
jiao tong yun shu

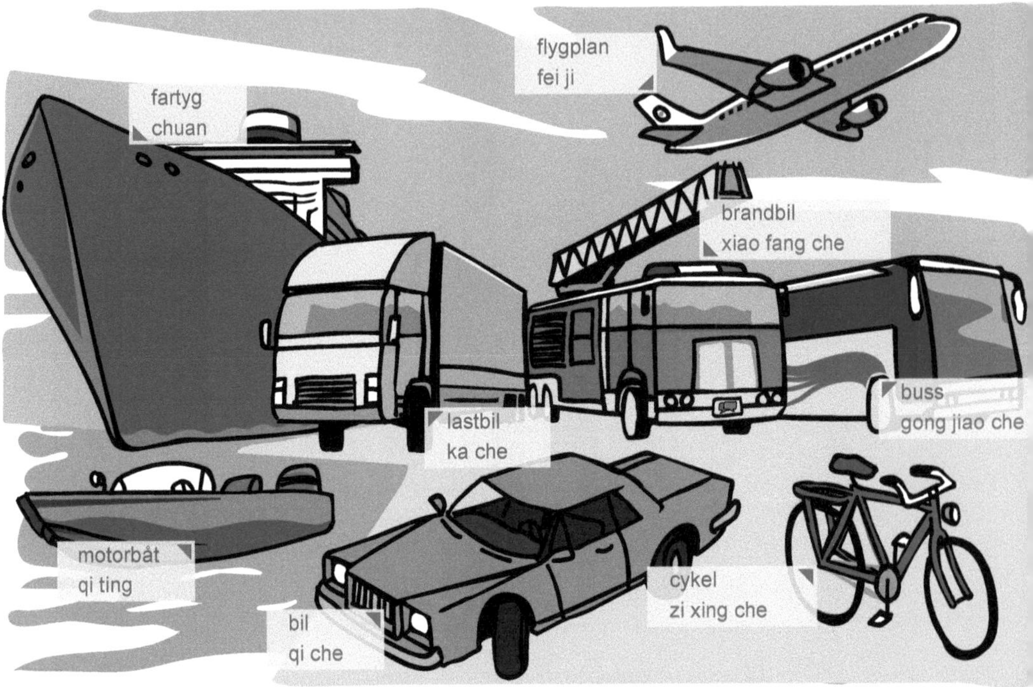

flygplan
fei ji
fartyg
chuan
brandbil
xiao fang che
buss
gong jiao che
lastbil
ka che
motorbåt
qi ting
cykel
zi xing che
bil
qi che

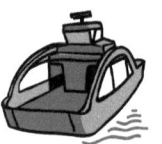

färja
bai du chuan

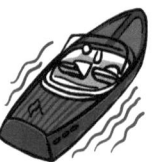

båt
xiao chuan

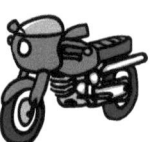

motorcykel
mo tuo che

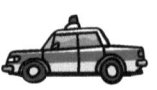

polisbil
jing che

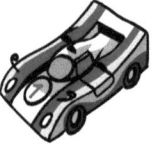

racerbil
sai che

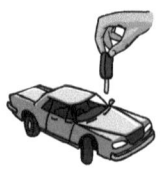

hyrbil
zu che

bilpool

pin che

bärgningsbil

tuo che

sopbil

la ji che

motor

fa dong ji

bränsle

qi you

bensinstation

jia you zhan

vägmärke

jiao tong biao zhi

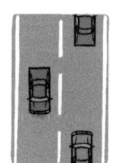

trafik

jiao tong

bilkö

jiao tong du sai

parkeringsplats

ting che chang

tågstation

huo che zhan

räls

gui dao

tåg

huo che

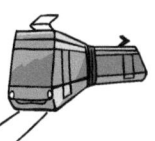

spårvagn

dian che

vagn

huo che

helikopter

zhi sheng ji

flygplats

ji chang

torn

ta

passagerare

cheng ke

container

ji zhuang xiang

kartong

zhi ban xiang

vagn

shou tui che

korg

lan zi

starta / landa

qi fei/jiang luo

stad

cheng shi

by

cun zhuang

centrum

shi zhong xin

hus

fang zi

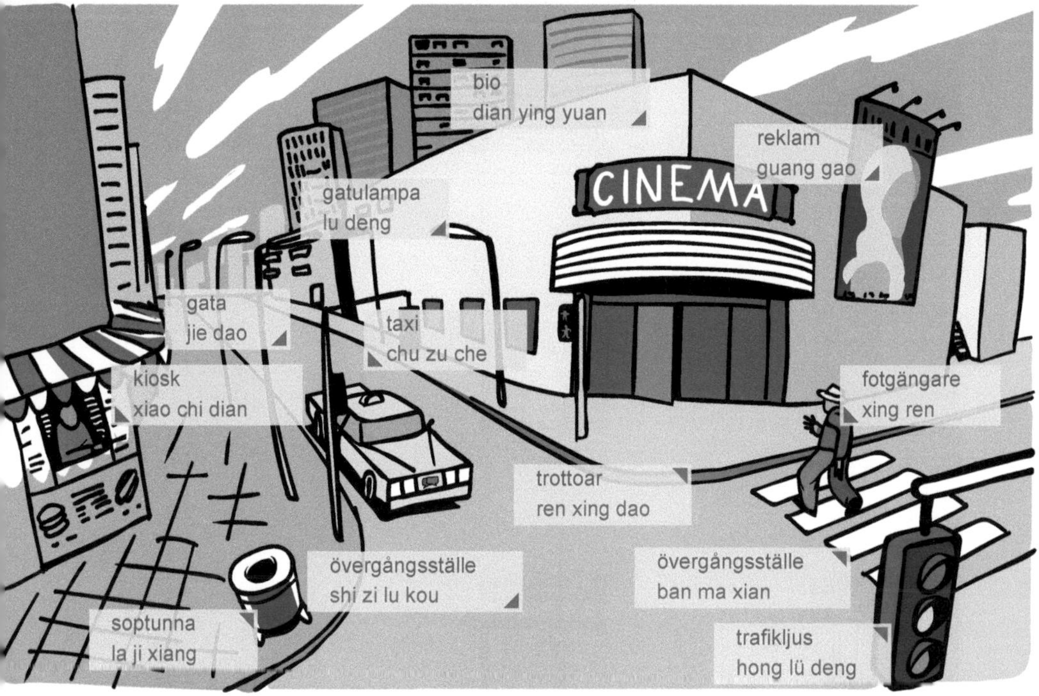

CINEMA
bio
dian ying yuan
reklam
guang gao
gatulampa
lu deng
gata
jie dao
taxi
chu zu che
kiosk
xiao chi dian
fotgängare
xing ren
trottoar
ren xing dao
övergångsställe
shi zi lu kou
övergångsställe
ban ma xian
soptunna
la ji xiang
trafikljus
hong lü deng

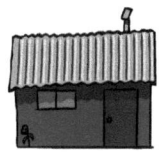

stuga

xiao wu

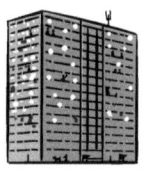

lägenhet

gong yu

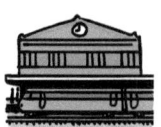

tågstation

huo che zhan

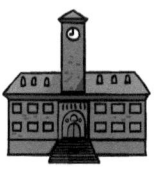

stadshus

shi zheng ting

MUSEUM

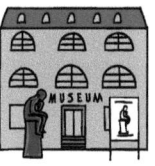

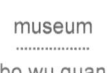

museum

bo wu guan

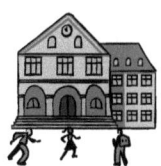

skola

xue xiao

universitet

da xue

bank

yin hang

sjukhus

yi yuan

hotell

jiu dian

apotek

yao fang

kontor

ban gong shi

bokhandel

shu dian

affär

shang dian

blomsterbutik

hua dian

stormarknad

chao shi

marknad

shi chang

varuhus

bai huo shang dian

fiskhandlare

yu dian

köpcentrum

gou wu zhong xin

hamn

hai gang

park

gong yuan

bänk

chang deng

brygga

qiao

trappa

lou ti

tunnelbana

di tie

tunnel

sui dao

busshållplats

gong jiao che zhan

bar

jiu ba

restaurang

can guan

brevlåda

you tong

gatuskylt

lu biao

parkeringsautomat

ting che ji shi qi

zoo

dong wu yuan

simbassäng

you yong guan

moské

qing zhen si

bondgård

nong chang

förorening

wu ran

kyrkogård

mu di

kyrka

jiao tang

lekplats

cao chang

tempel

si miao

landskap

di xing

löv
shu ye

vägskylt
zhi shi pai

väg
lu

äng
cao di

sten
shi tou

liftare
tu bu lü xing zhe

träd
shu

flod
he

gräs
cao

blomma
hua

dal

xia gu

kulle

shan

sjö

hu

skog

sen lin

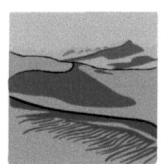

öken

sha mo

vulkan

huo shan

slott

cheng bao

regnbåge

cai hong

svamp

mo gu

palm

zong lü shu

mygga

wen zi

fluga

cang ying

myra

ma yi

bi

mi feng

spindel

zhi zhu

skalbagge

jia chong

groda

qing wa

ekorre

song shu

igelkott

ci wei

hare

ye tu

uggla

mao tou ying

fågel

niao

svan

tian e

vildsvin

ye zhu

rådjur

lu

älg

mi lu

damm

shui ba

vindkraftverk

feng li fa dian ji

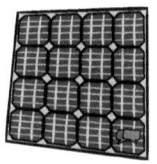

solcellspanel

tai yang neng dian chi ban

klimat

qi hou

restaurang
can guan

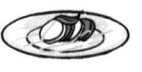

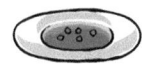

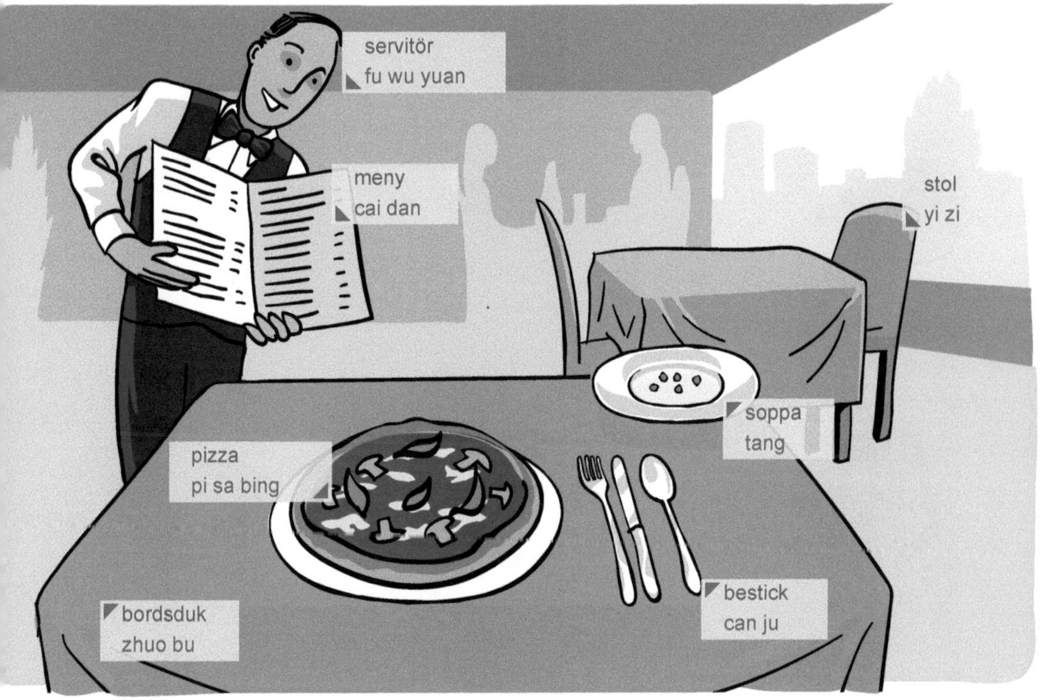
servitör
fu wu yuan
meny
cai dan
stol
yi zi
soppa
tang
pizza
pi sa bing
bestick
can ju
bordsduk
zhuo bu

förrätt

qian cai

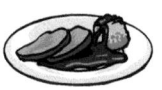

huvudrätt

zhu cai

dessert

tian dian

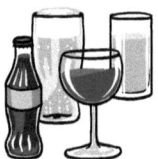

drycker

yin liao

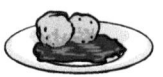

mat

shi wu

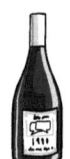

flaska

ping zi

snabbmat

kuai can

street food

jie bian xiao chi

tekanna

cha hu

sockerskål

tang he

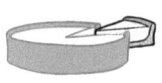

portion

yi fen fan cai

espressomaskin

yi shi ka fei ji

barnstol

gao jiao yi

räkning

zhang dan

bricka

tuo pan

kniv

dao

gaffel

can cha

sked

shao zi

tesked

cha chi

servett

can jin

glas

bo li bei

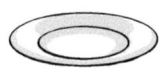

tallrik

die zi

sopptallrik

tang pan

tefat

die zi

sås

jiang

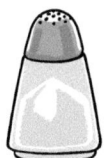

saltkar

yan ping

pepparkvarn

hu jiao mo

vinäger

cu

olja

shi yong you

kryddor

tiao wei liao

ketchup

fan qie jiang

senap

jie mo

majonnäs

dan huang jiang

stormarknad
chao shi

specialerbjudande
te jia
kund
gu ke
FOR
mejeriprodukter
ru zhi pin
frukt
shui guo
varukorg
gou wu che

BUTCHERS

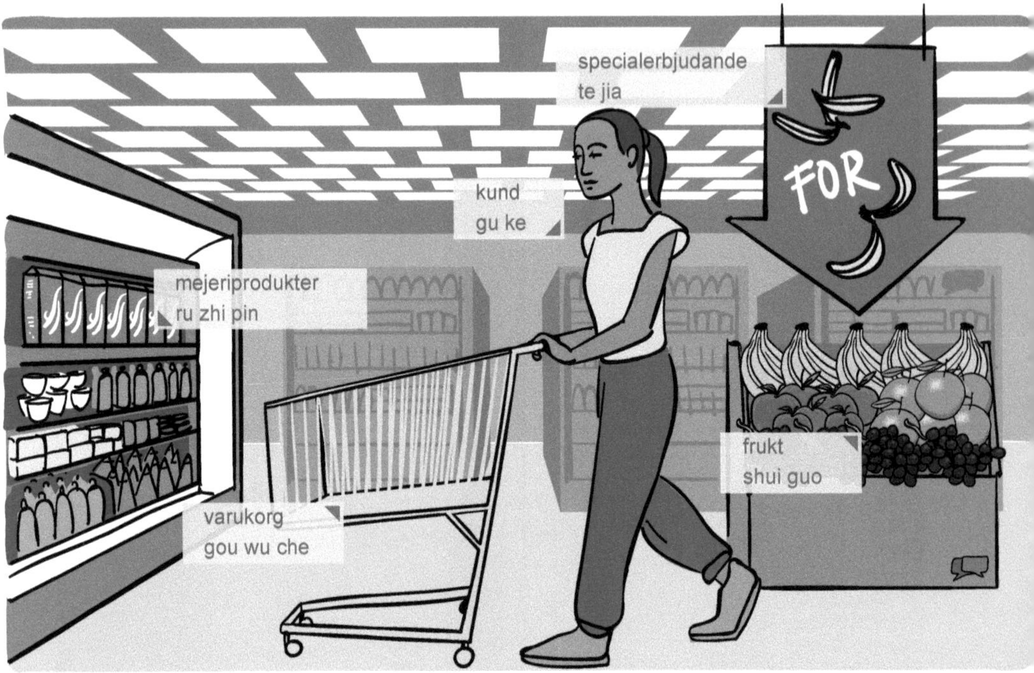

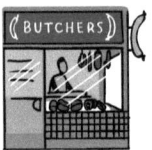

charkuteri
rou pu

BAKERY

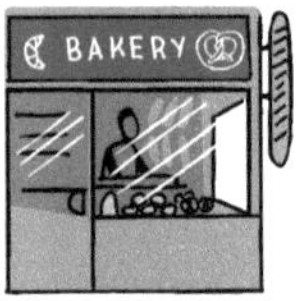

bageri
mian bao fang

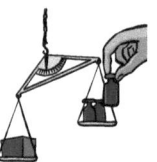

väga
cheng zhong

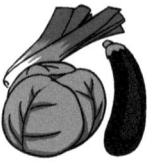

grönsaker
shu cai

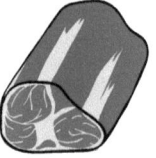

kött
rou

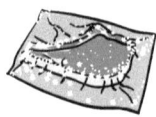

frysta livsmedel
leng dong shi pin

pålägg

leng pan

konserver

guan tou shi pin

tvättmedel

xi yi fen

godis

tian shi

hushållsprodukter

ri yong pin

rengöringsmedel

qing jie yong pin

försäljare

xiao shou yuan

kassa

shou yin ji

kassör

shou yin yuan

inköpslista

gou wu qing dan

öppettider

kai fang shi jian

plånbok

qian bao

kreditkort

xin yong ka

väska

dai zi

plastpåse

su liao dai

vatten

shui

juice

guo zhi

mjölk

niu nai

cola

ke le

vin

hong jiu

öl

pi jiu

alkohol

jiu

kakao

ke ke

te

cha

kaffe

ka fei

espresso

yi shi nong suo ka fei

cappuccino

ka bu qi nuo

banan

xiang jiao

äpple

ping guo

apelsin

cheng zi

melon

xi qua

citron

ning meng

morot

hu luo bo

vitlök

da suan

bambu

zhu zi

lök

yang cong

svamp

mo gu

nötter

jian guo

nudlar

mian tiao

spaghetti

yi da li mian tiao

ris

mi fan

sallad

sha la

pommes frites

shu tiao

stekt potatis

zha tu dou

pizza

pi sa bing

hamburgare

han bao bao

smörgås

san ming zhi

schnitzel

zha zhu pai

skinka

huo tui

salami

sa la mi

korv

xiang chang

kyckling

ji rou

stek

kao rou

fisk

yu

havregryn

yan mai pian

müsli

mu zi li

cornflakes

yu mi pian

mjöl

mian fen

croissant

yang jiao mian bao

fralla

mian bao juan

bröd

mian bao

rostat bröd

kao mian bao

kex

bing gan

smör

huang you

kvarg

ning ru

kaka

dan gao

ägg

dan

stekt ägg

jian dan

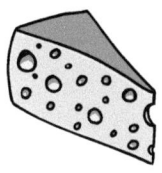

ost

nai lao

glass

bing ji lin

socker

tang

honung

feng mi

sylt

guo jiang

nougatkräm

qiao ke li jiang

curry

ga li fan

bondgård
nong chang

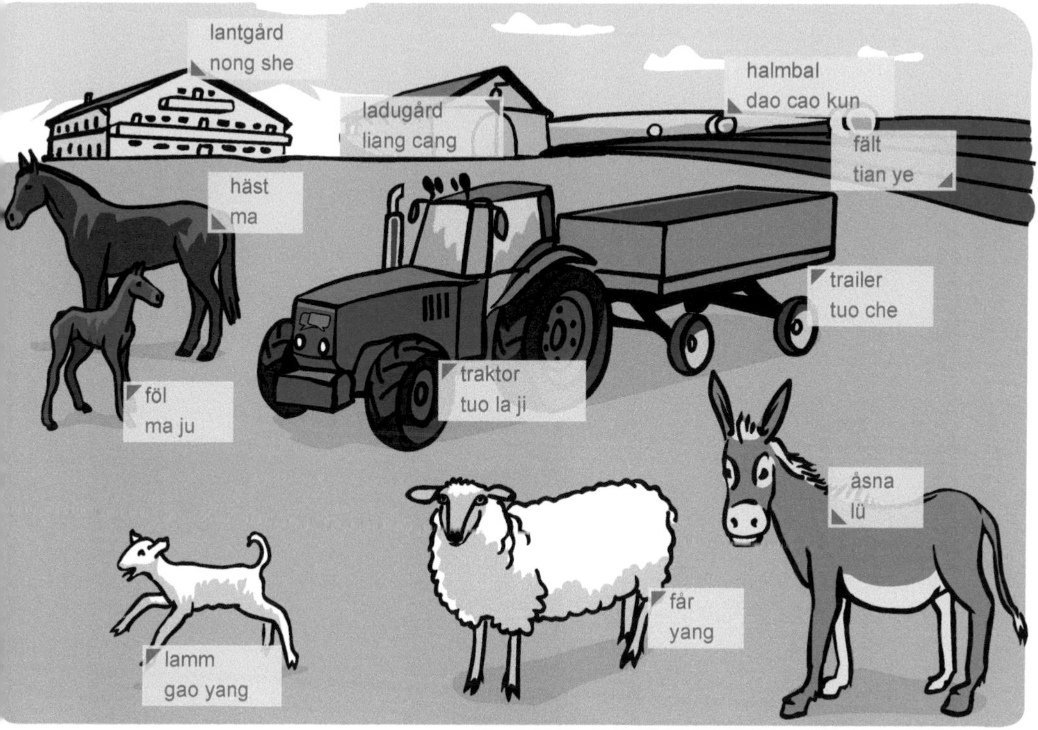
lantgård
nong she
ladugård
liang cang
halmbal
dao cao kun
fält
tian ye
häst
ma
trailer
tuo che
traktor
tuo la ji
föl
ma ju
åsna
lü
får
yang
lamm
gao yang

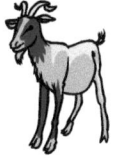

get

shan yang

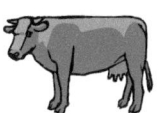

ko

nai niu

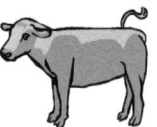

kalv

niu du

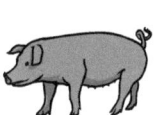

gris

zhu

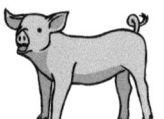

griskulting

xiao zhu

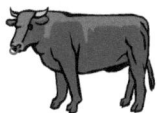

tjur

gong niu

gås
e

anka
ya

kyckling
xiao ji

höna
mu ji

tupp
gong ji

råtta
shu

katt
mao

mus
lao shu

oxe
niu

hund
gou

hundkoja
gou wu

trädgårdsslang
hua yuan jiao shui ruan guan

vattenkanna
sa shui hu

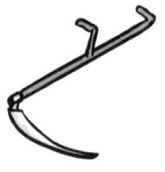

lie
chang bing da lian dao

plog
li

skära

lian dao

hacka

chu tou

högaffel

chang bing cao pa

yxa

fu tou

skottkärra

du lun shou tui che

tråg

si liao cao

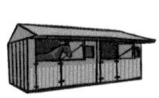

mjölkflaska

niu nai guan

säck

ma bu dai

staket

zha lan

stall

ma jiu

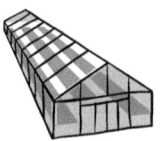

växthus

wen shi

jord

tu rang

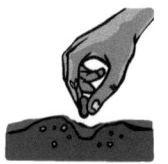

säd

zhong zi

gödsel

fei liao

skördetröska

lian he shou ge ji

skörda

shou ge

skörd

shou ge

jams

shan yao

vete

xiao mai

soja

da dou

potatis

tu dou

majs

yu mi

raps

you cai zi

fruktträd

guo shu

maniok

shu shu

spannmål

gu wu

hus
fang zi

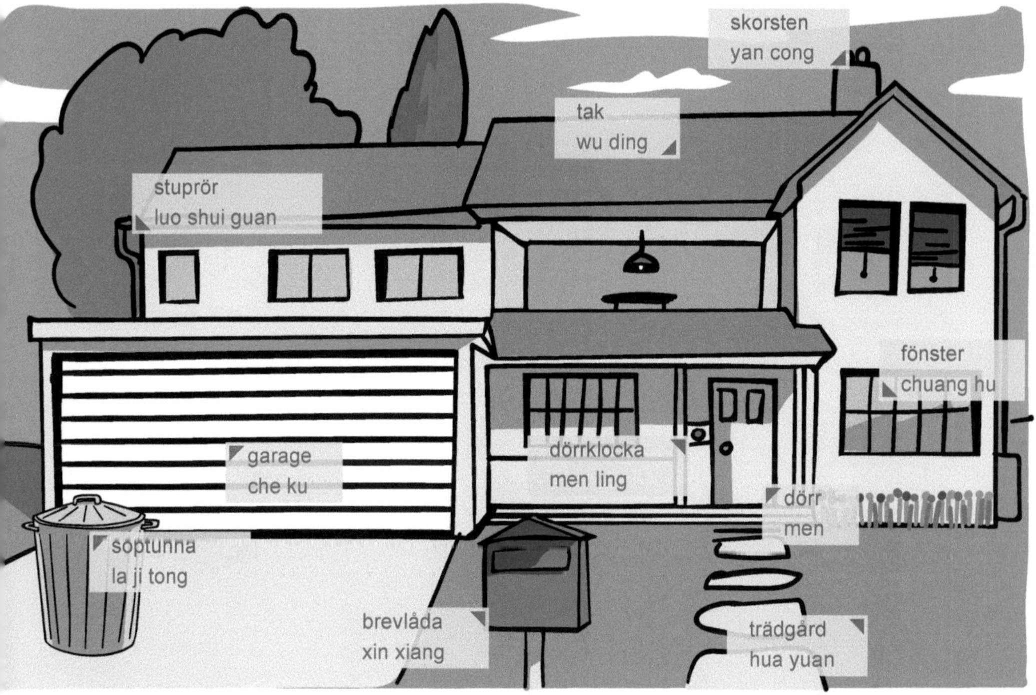

skorsten
yan cong
tak
wu ding
stuprör
luo shui guan
fönster
chuang hu
garage
che ku
dörrklocka
men ling
dörr
men
soptunna
la ji tong
brevlåda
xin xiang
trädgård
hua yuan

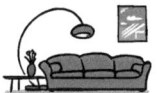

vardagsrum

ke ting

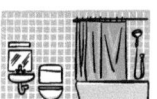

badrum

yu shi

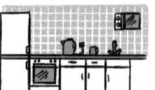

kök

chu fang

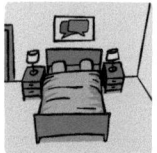

sovrum

wo shi

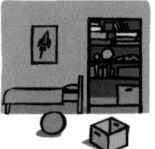

barnrum

er tong fang

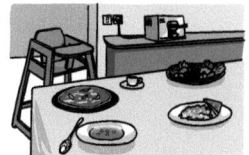

matsal

can ting

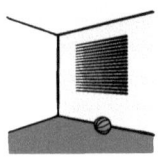

golv

di ban

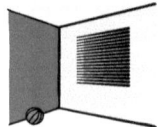

vägg

qiang bi

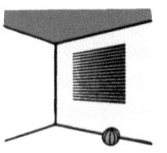

tak

diao ding

källare

di jiao

bastu

sang na

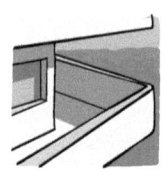

balkong

yang tai

terrass

lu tai

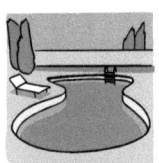

bassäng

you yong chi

gräsklippare

ge cao ji

lakan

bei dan

överkast

chuang zhao

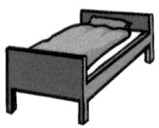

säng

chuang

kvast

sao zhou

hink

shui tong

strömbrytare

kai guan

vardagsrum
ke ting

tapet
bi zhi
bild
zhao pian
lampa
tai deng
hylla
ge jia
skåp
chu gui
TV
dian shi ji
eldstad
bi lu
blomma
hua
kudde
dian zi
soffa
sha fa
vas
hua ping
fjärrkontroll
yao kong qi

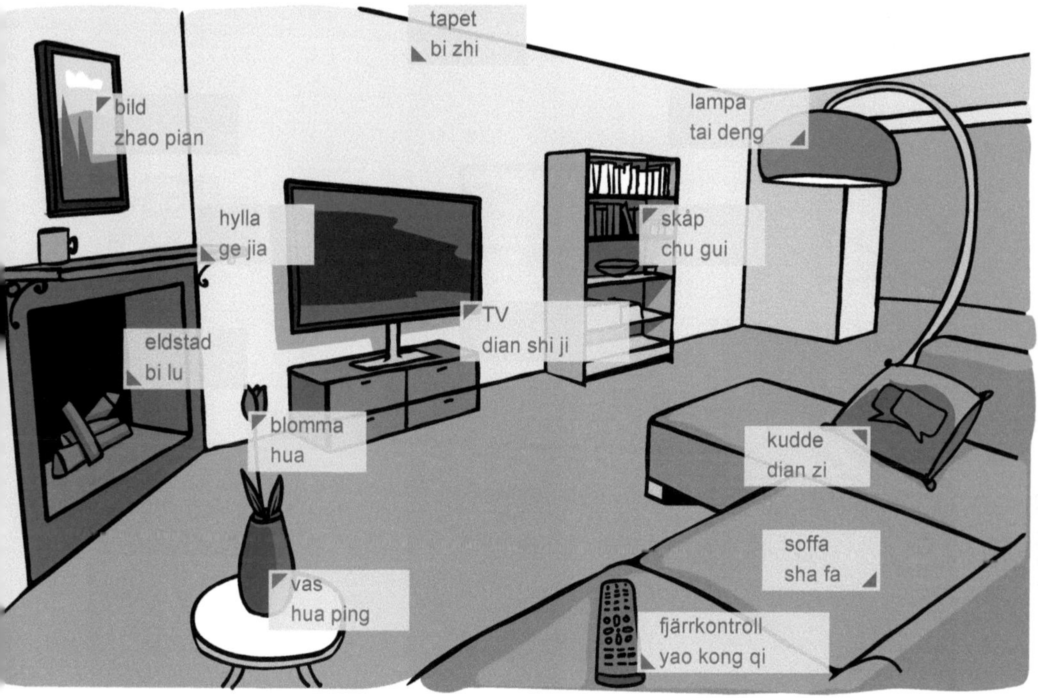

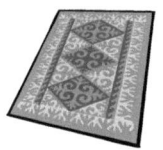

matta

di tan

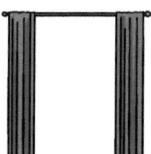

gardin

chuang lian

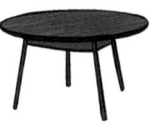

bord

can zhuo

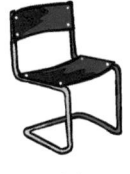

stol

yi zi

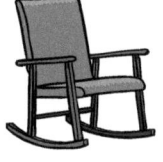

gungstol

yao yi

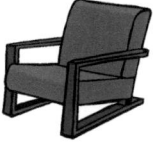

fåtölj

fu shou yi

bok
....
shu

filt
....
tan zi

dekoration
....
zhuang shi pin

vedträ
....
mu chai

film
....
dian ying

stereoanläggning
....
gao bao zhen yin xiang

nyckel
....
yao shi

dagstidning
....
bao zhi

målning
....
you hua

poster
....
hai bao

radio
....
shou yin ji

anteckningsbok
....
bi ji ben

dammsugare
....
xi chen qi

kaktus
....
xian ren zhang

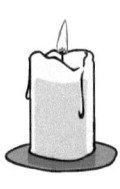

stearinljus
....
la zhu

kök
chu fang

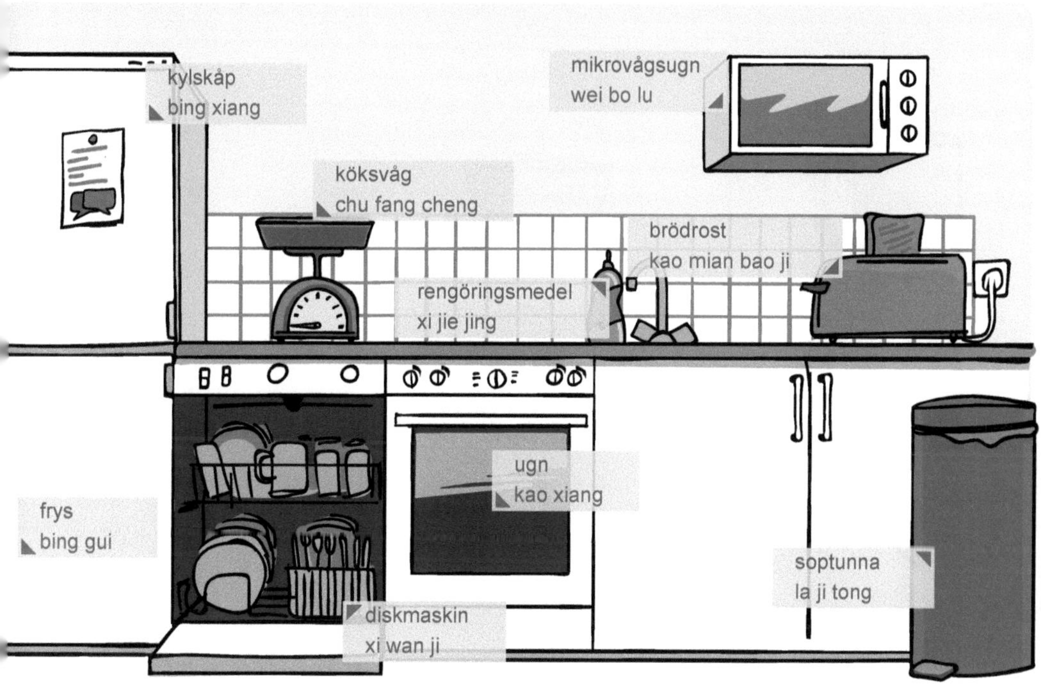

kylskåp
bing xiang
mikrovågsugn
wei bo lu
köksvåg
chu fang cheng
brödrost
kao mian bao ji
rengöringsmedel
xi jie jing
ugn
kao xiang
frys
bing gui
soptunna
la ji tong
diskmaskin
xi wan ji

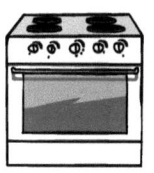

spis
chui ju

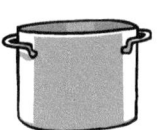

kastrull
guo

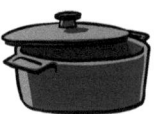

järngryta
zhu tie guo

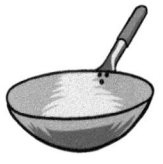

wok / kadai
sha guo

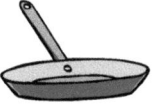

stekpanna
ping di guo

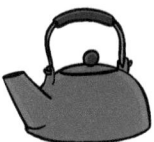

vattenkokare
shui hu

ångkokare

zheng guo

bakplåt

kao pan

porslin

tao ci guo

mugg

ma ke bei

skål

wan

ätpinnar

kuai zi

soppslev

chang bing shao

stekspade

chan zi

visp

jiao ban qi

durkslag

lü wang

sil

shai zi

rivjärn

mo sui ji

mortel

yan bo

grill

shao kao

brasa

ming huo

skärbräda

cai ban

kavel

gan mian zhang

korkskruv

kai ping qi

burk

guan zi

burköppnare

kai ping qi

grytlapp

ge re shou tao

vask

shui cao

borste

shua zi

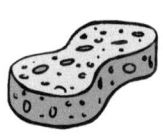

svamp

hai mian

mixer

jiao ban ji

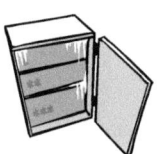

frys

leng cang xiang

nappflaska

nai ping

kran

shui long tou

badrum

yu shi

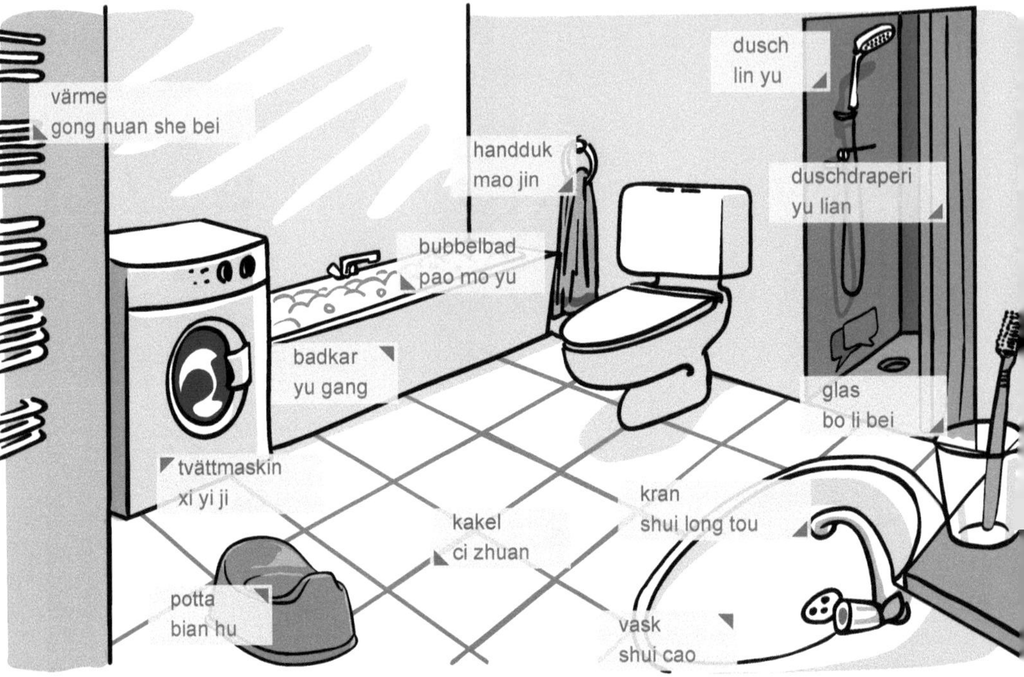

värme
gong nuan she bei
dusch
lin yu
handduk
mao jin
duschdraperi
yu lian
bubbelbad
pao mo yu
badkar
yu gang
glas
bo li bei
tvättmaskin
xi yi ji
kran
shui long tou
kakel
ci zhuan
potta
bian hu
vask
shui cao

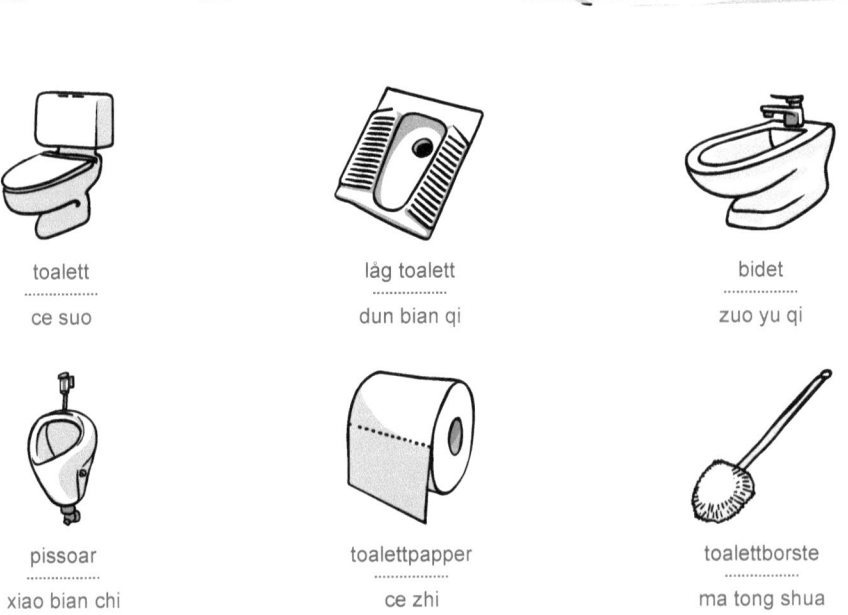

toalett

ce suo

låg toalett

dun bian qi

bidet

zuo yu qi

pissoar

xiao bian chi

toalettpapper

ce zhi

toalettborste

ma tong shua

tandborste

ya shua

tandkräm

ya gao

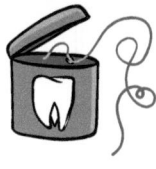

tandtråd

ya xian

tvätta

xi

handdusch

shou chi shi pen lin tou

intimdusch

chong xi qi

handfat

xi lian pen

ryggborste

ca bei shua

tvål

fei zao

duschgel

mu yu lu

schampo

xi fa shui

trasa

fa lan rong

avlopp

pai shui

crème

ru shuang

deodorant

chu chou ji

spegel

jing zi

handspegel

shou jing

rakhyvel

ti xu dao

raklödder

ti xu pao mo

rakvatten

xu hou shui

kam

shu zi

borste

shua zi

hårtork

chui feng ji

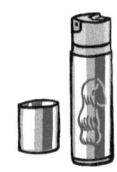

hårspray

pen fa ding xing ji

smink

hua zhuang pin

läppstift

chun gao

nagellack

zhi jia you

bomullsvadd

hua zhuang mian

nagelsax

zhi jia jian

parfym

xiang shui

necessär

xi shu bao

pall

deng zi

våg

ji zhong cheng

badrock

yu pao

gummihandskar

xiang jiao shou tao

tampong

wei sheng mian tiao

binda

wei sheng jin

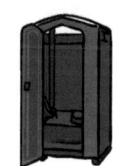

kemisk toalett

hua xue ce suo

barnrum
er tong fang

väckarklocka
nao zhong
gosedjur
mao rong wan ju
leksaksbil
wan ju che
skallra
bo lang gu
dockhus
wan ju wu
present
li wu

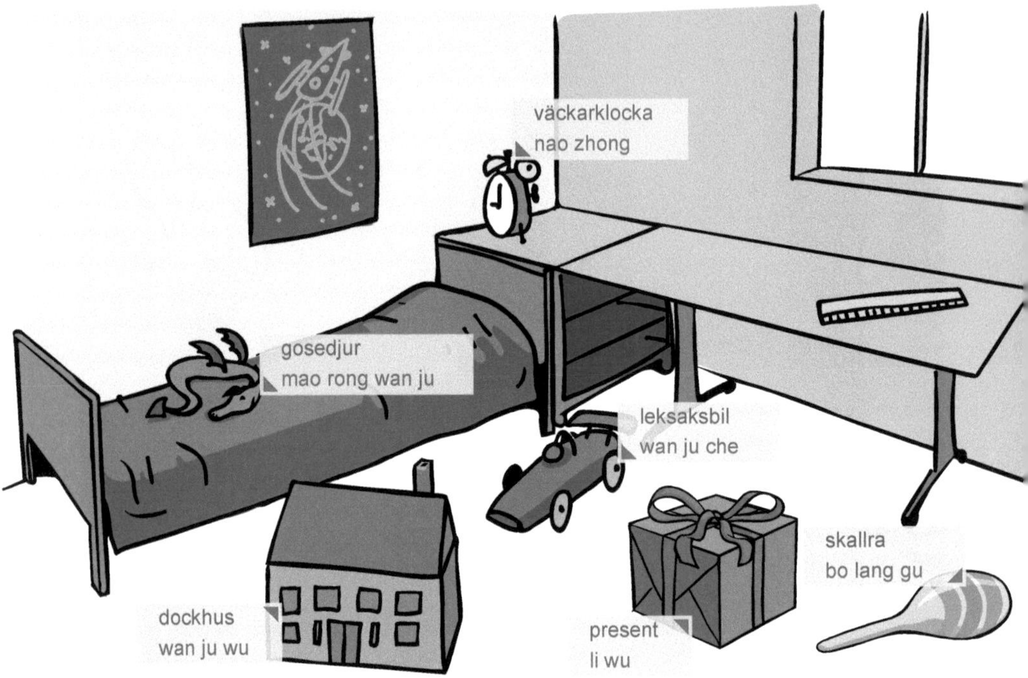

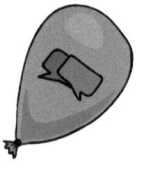

ballong

qi qiu

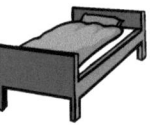

säng

chuang

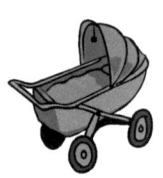

barnvagn

(yang wa wa yong)ying er che

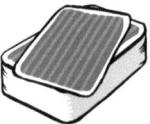

kortlek

pu ke pai

pussel

pin tu

SUPER MEGA

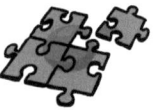

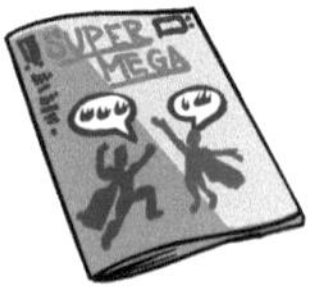

serietidning

man hua

legobitar

le gao ji mu

klossar

ji mu wan ju

actionfigur

wan ju ren

sparkdräkt

ying er fu

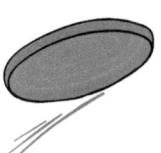

frisbee

fei pan

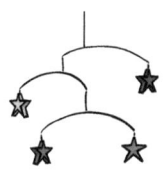

mobil

chuang ling wan ju

brädspel

qi pan you xi

tärning

shai zi

modelljärnväg

huo che mo xing

napp

an fu nai zui

party

ju hui

bilderbok

hui ben

boll

qiu

docka

yang wa wa

spela

wan

sandlåda

sha keng

gunga

qiu qian

leksaker

wan ju

spelkonsol

you xi ji

trehjuling

san lun che

nalle

tai di xiong

garderob

yi chu

kläder

yi fu

sockar

wa zi

strumpor

chang wa

tights

jin shen ku

halsduk
wei jin

paraply
yu san

t-shirt
T xu

bälte
pi dai

stövlar
xue zi

tofflor
tuo xie

sneakers
yun dong xie

sandaler

liang xie

skor

xie

gummistövlar

yu xue

underbyxor

nei ku

BH

xiong zhao

linne

bei xin

kläder - yi fu

45

body

shen ti

byxor

ku zi

jeans

niu zai ku

kjol

duan qun

blus

nü shi chen shan

skjorta

chen shan

pullover

tao tou shan

sweater

wei yi

blazer

xi zhuang jia ke

jacka

jia ke

kappa

wai tao

regnjacka

yu yi

dräkt

tao zhuang

klänning

lian yi qun

bröllopsklänning

hun sha

kostym

xi zhuang

nattlinne

shui pao

pyjamas

shui yi

sari

sha li

slöja

tou jin

turban

bao tou jin

burka

bo ka

kaftan

ka fu tan

abaya

(a la bo shi)chang pao

baddräkt

yong yi

badbyxor

nan shi yong ku

shorts

duan ku

träningsoverall

yun dong fu

förkläde

wei qun

handskar

shou tao

knapp

niu kou

glasögon

yan jing

armband

shou lian

halsband

xiang lian

ring

jie zhi

örhänge

er huan

mössa

bian mao

galge

yi jia

hatt

mao zi

slips

ling dai

dragkedja

la lian

hjälm

tou kui

hängslen

bei dai

skoluniform

xiao fu

uniform

zhi fu

haklapp

wei dou

napp

an fu nai zui

blöja

niao bu shi

kontor

ban gong shi

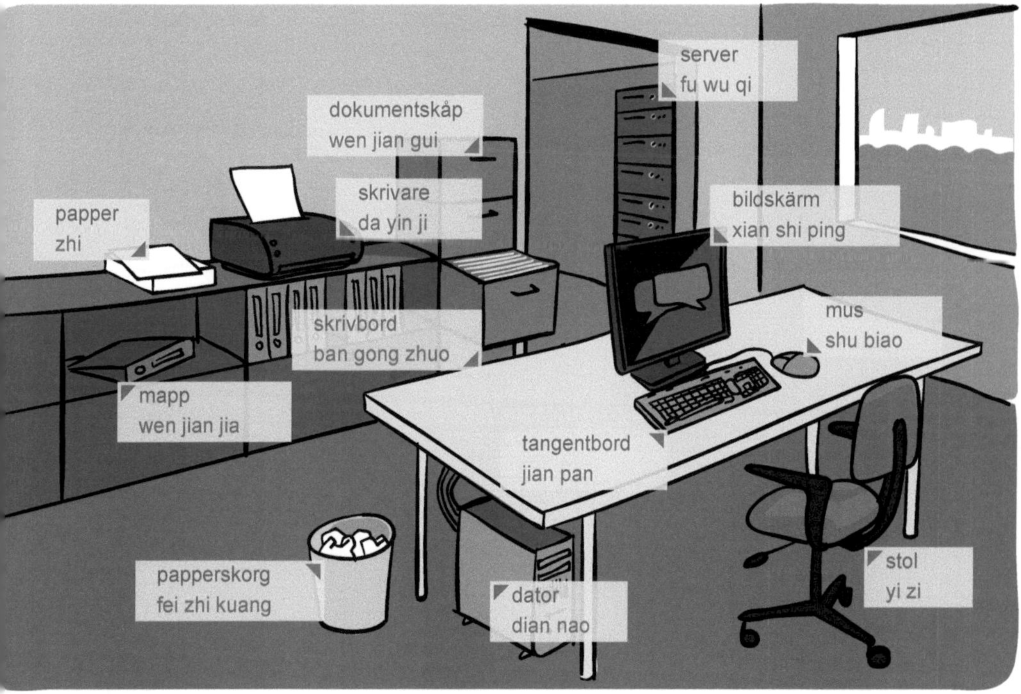

server
fu wu qi

dokumentskåp
wen jian gui

skrivare
da yin ji

bildskärm
xian shi ping

papper
zhi

skrivbord
ban gong zhuo

mus
shu biao

mapp
wen jian jia

tangentbord
jian pan

papperskorg
fei zhi kuang

dator
dian nao

stol
yi zi

kaffemugg

ka fei bei

miniräknare

ji suan qi

internet

yin te wang

bärbar dator

bi ji ben dian nao

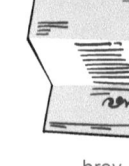

brev

xin jian

meddelande

xiao xi

mobiltelefon

shou ji

nätverk

wang luo

kopieringsapparat

fu yin ji

programvara

ruan jian

telefon

dian hua

vägguttag

cha zuo

fax

chuan zhen ji

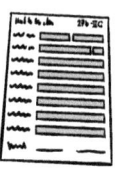

blankett

biao ge

dokument

wen jian

köpa
....
mai

betala
....
fu qian

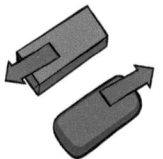

handla
....
jiao yi

pengar
....
xian jin

dollar
....
mei yuan

euro
....
ou yuan

yen
....
ri yuan

rubel
....
lu bu

schweizisk franc
....
rui shi fa lang

renminbi yan
....
ren min bi

rupie
....
lu bi

bankomat
....
ti kuan chu

växelkontor

wai bi dui huan chu

guld

jin

silver

yin

olja

shi you

energi

neng yuan

pris

jia ge

kontrakt

he tong

skatt

shui jin

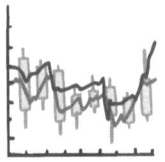

aktie

gu piao

arbeta

gong zuo

anställd

zhi yuan

arbetsgivare

lao ban

fabrik

gong chang

affär

shang dian

yrken
zhi ye

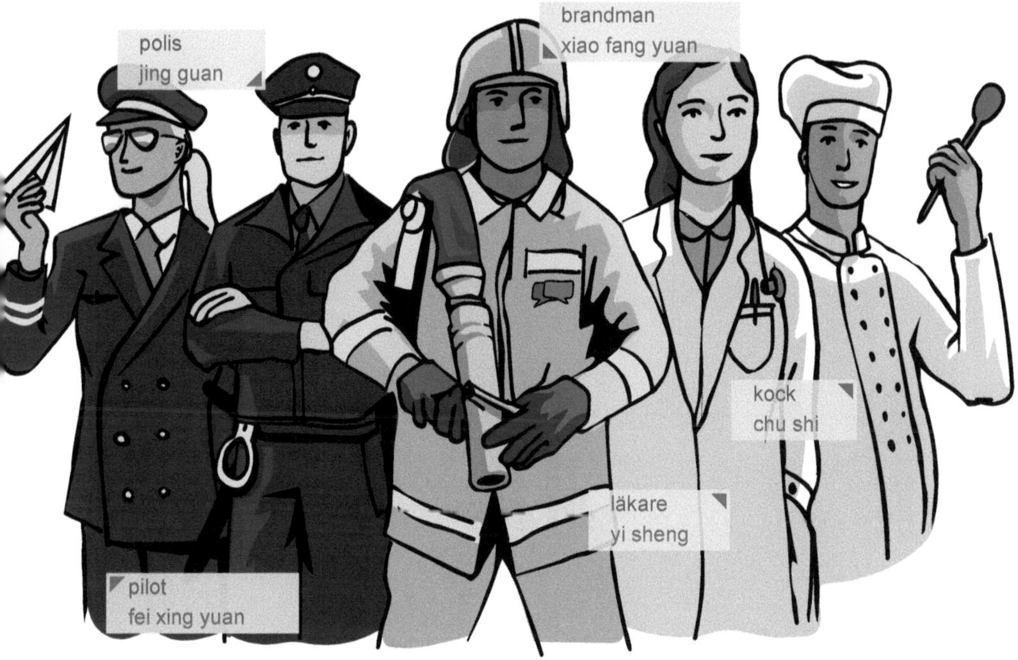

polis
jing guan
brandman
xiao fang yuan
kock
chu shi
läkare
yi sheng
pilot
fei xing yuan

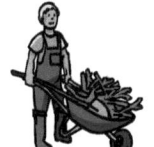

trädgårdsmästare

yuan ding

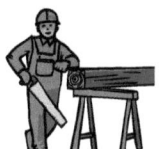

snickare

mu jiang

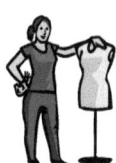

sömmerska

cai feng

domare

fa guan

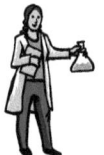

kemist

hua xue jia

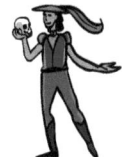

skådespelare

yan yuan

busschaufför

gong jiao che si ji

taxichaufför

chu zu che si ji

fiskare

yu fu

städerska

qing jie nü gong

takläggare

wu ding gong

servitör

fu wu yuan

jägare

lie ren

målare

hua jia

bagare

mian bao shi

elektriker

dian gong

byggarbetare

jian zhu gong ren

ingenjör

gong cheng shi

slaktare

tu fu

rörmokare

shui guan gong

brevbärare

you di yuan

soldat

shi bing

arkitekt

jian zhu shi

kassör

shou yin yuan

florist

hua nong

frisör

li fa shi

konduktör

shou piao yuan

mekaniker

ji xie shi

kapten

chuan zhang

tandläkare

ya yi

vetenskapsman

ke xue jia

rabbin

la bi

imam

yi ma mu

munk

he shang

präst

mu shi

verktyg
gong ju

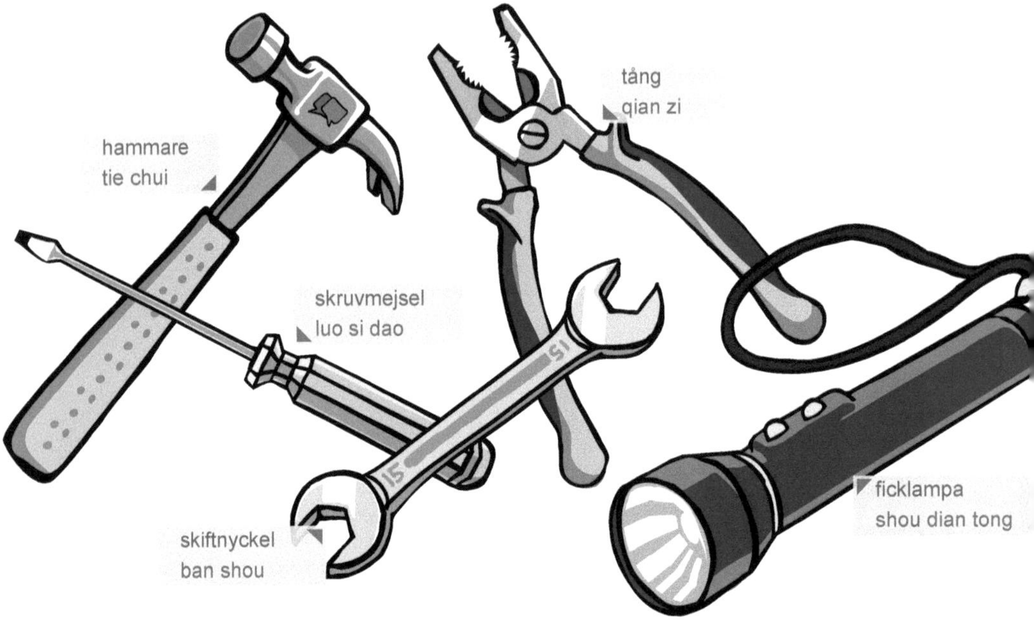
tång
qian zi
hammare
tie chui
skruvmejsel
luo si dao
ficklampa
shou dian tong
skiftnyckel
ban shou

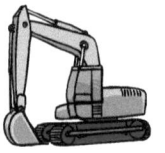

grävmaskin

wa jue ji

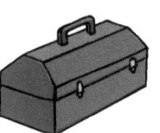

verktygslåda

gong ju xiang

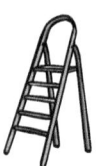

stege

ti zi

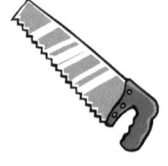

såg

ju zi

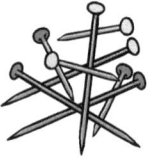

spik

ding zi

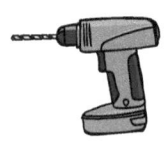

borr

zuan ji

reparera

xiu

spade

chan zi

Helvete!

kao!

sopskyffel

bo ji

färgburk

you qi tong

skruvar

luo si

musikinstrument
yue qi

trummor
da ji yue qi

högtalare
yang sheng qi

kontrabas
di yin ti qin

trumpet
xiao hao

gitarr
ji ta

piano

gang qin

violin

xiao ti qin

bas

bei si

timpani

ding yin gu

trumma

gu

keyboard

dian zi qin

saxofon

sa ke si guan

flöjt

chang di

mikrofon

mai ke feng

ZOO
dong wu yuan

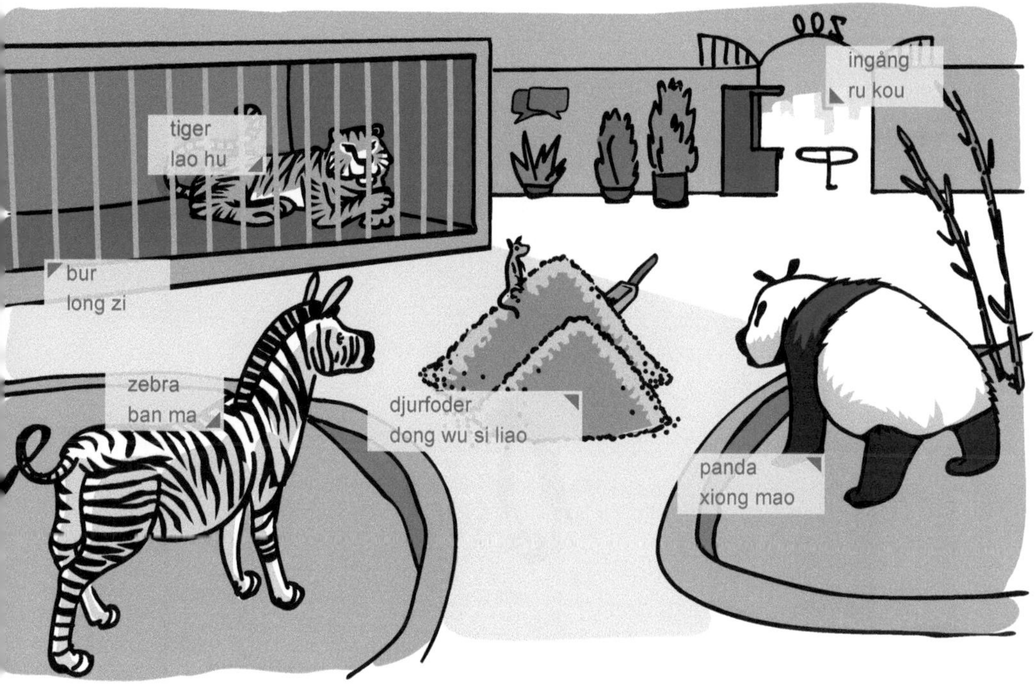

ingång
ru kou
tiger
lao hu
bur
long zi
zebra
ban ma
djurfoder
dong wu si liao
panda
xiong mao

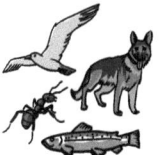

djur

dong wu

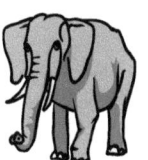

elefant

da xiang

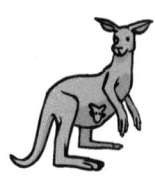

känguru

dai shu

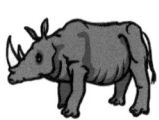

noshörning

xi niu

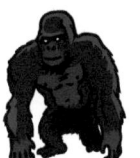

gorilla

da xing xing

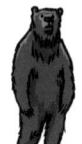

björn

xiong

kamel

luo tuo

struts

tuo niao

lejon

shi zi

apa

hou zi

flamingo

huo lie niao

papegoja

ying wu

isbjörn

bei ji xiong

pingvin

qi e

haj

sha yu

påfågel

kong que

orm

she

krokodil

e yu

djurskötare

dong wu yuan guan li yuan

säl

hai bao

jaguar

mei zhou bao

ponny

ai zhong ma

leopard

bao

flodhäst

he ma

giraff

chang jing lu

örn

lao ying

vildsvin

ye zhu

fisk

yu

sköldpadda

gui

valross

hai xiang

räv

hu li

gazell

ling yang

amerikansk fotboll
gan lan qiu

cykling
qi zi xing che

tennis
wang qiu

basket
lan qiu

simning
you yong

ishockey
bing qiu

boxning
quan ji

fotboll
ying shi zu qiu

badminton
yu mao qiu

friidrott
tian jing

handboll
shou qiu

skidåkning
hua xue

polo
ma qiu

hoppa
tiao

krama
yong bao

skratta
xiao

gå
zou lu

sjunga
chang

drömma
zuo meng

be
qi dao

kyssa
qin wen

skriva	rita	visa
shu xie	hua	zhan shi
skjuta	ge	ta
tui	gei	na

hagel

you

göra

zuo

vara

dang

stå

zhan

springa

pao

dra

la

kasta

reng

falla

shuai dao

ligga

tang

vänta

deng dai

bära

xie dai

sitta

zuo

klä på

chuan yi

sova

shui jiao

vakna

xing lai

se på

kan

gråta

ku

smeka

fu mo

kamma

shu tou

prata

jiao tan

förstå

ming bai

fråga

wen

höra

ting

dricka

he

äta

chi

städa

qing li

älska

ai

laga mat

zuo fan

köra

kai che

flyga

fei

segla

hang xing

räkna

ji suan

läsa

du

lära sig

xue xi

arbeta

gong zuo

gifta sig

jie hun

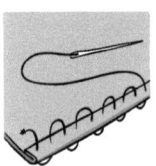

sy

feng

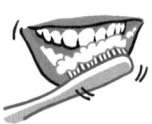

borsta tänderna

shua ya

döda

sha

röka

chou yan

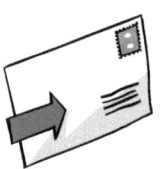

skicka

ji

mormor/farmor
zu mu

morfar/farfar
zu fu

pappa
fu qin

mamma
mu qin

baby
ying tong

dotter
nü er

son
er zi

gäst
ke ren

moster/faster
a yi

farbror/morbror
shu shu

bror
xiong di

syster
jie mei

kropp
shen ti

panna
qian e
öga
yan jing
skuldra
jian bang
finger
shou zhi
ansikte
lian
haka
xia ba
hand
shou
ben
tui
bröst
ru fang
arm
shou bi

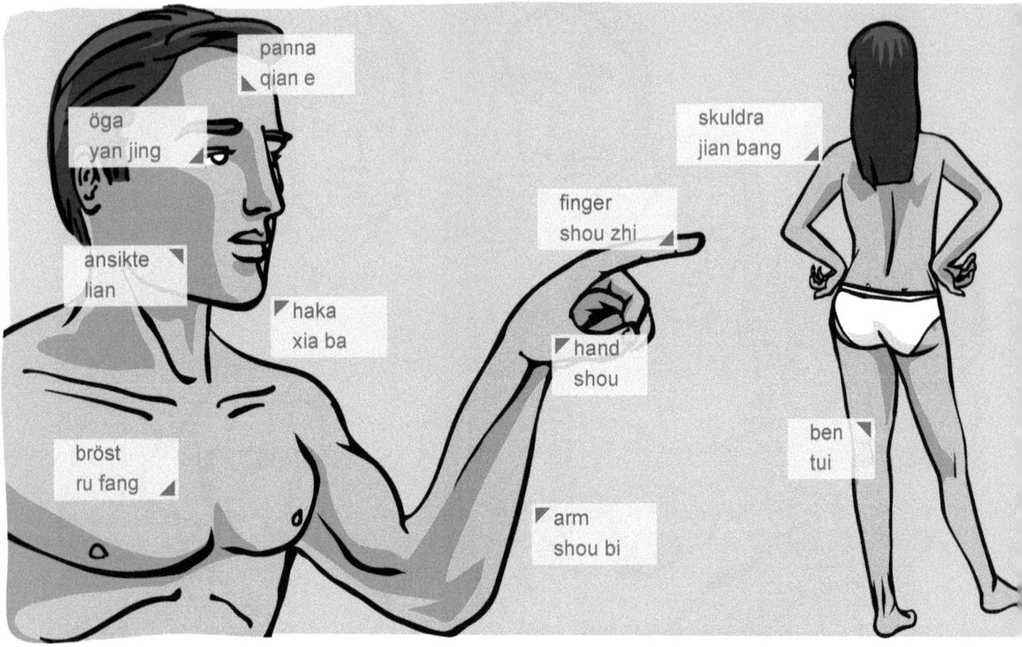

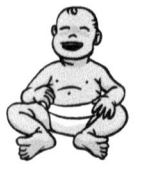

baby
ying tong

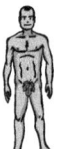

man
nan ren

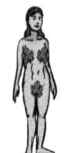

kvinna
nü ren

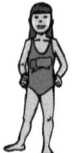

flicka
nü hai

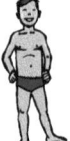

pojke
nan hai

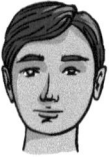

huvud
tou

rygg

bei bu

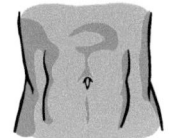

mage

du zi

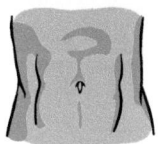

navel

du qi

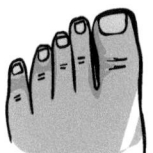

tå

jiao zhi

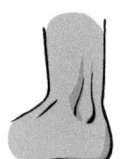

häl

jiao hou gen

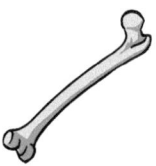

ben

gu tou

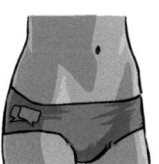

höft

tun bu

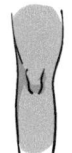

knä

xi gai

armbåge

shou zhou

näsa

bi zi

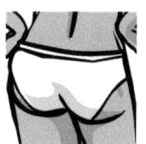

stjärt

pi gu

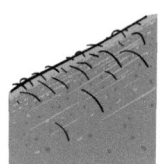

hud

pi fu

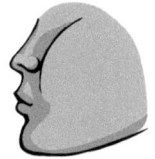

kind

lian jia

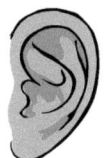

öra

er duo

läpp

zui chun

mun

zui

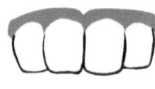

tand

ya chi

tunga

she tou

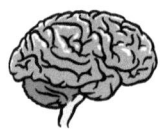

hjärna

nao

hjärta

xin zang

muskel

ji rou

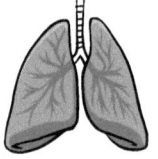

lunga

fei

lever

gan zang

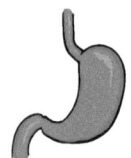

magsäck

wei

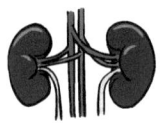

njurar

shen zang

sex

xing jiao

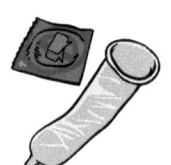

kondom

bi yun tao

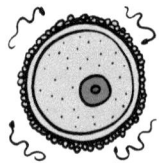

äggcell

luan zi

sperma

jing zi

graviditet

huai yun

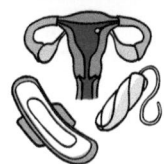

menstruation

yue jing

vagina

yin dao

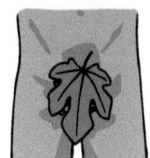

penis

yin jing

ögonbryn

mei mao

hår

tou fa

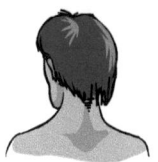

nacke

bo zi

sjukhus
yi yuan

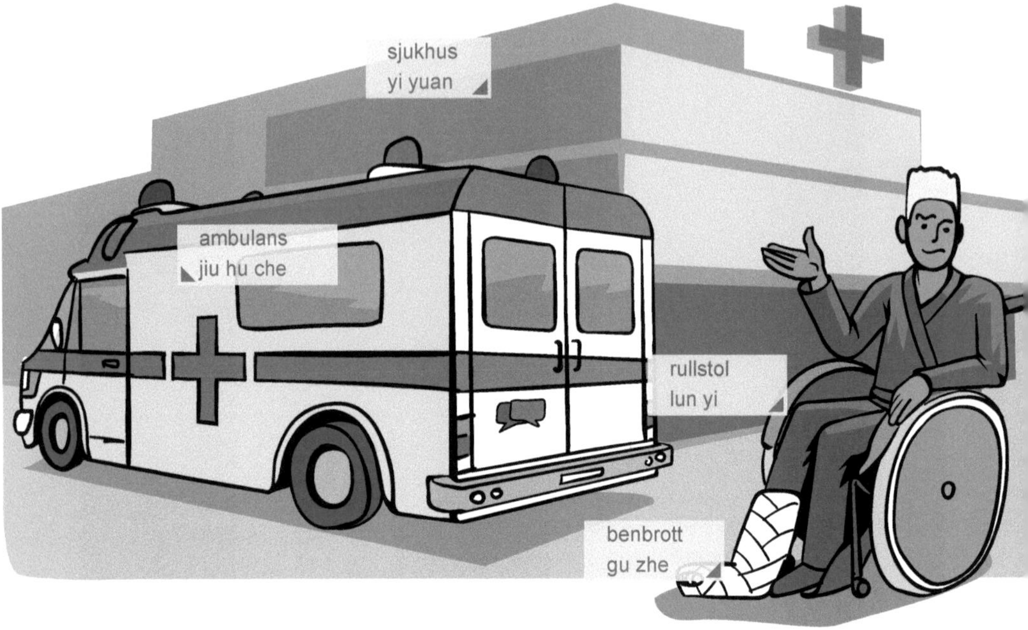

sjukhus
yi yuan
ambulans
jiu hu che
rullstol
lun yi
benbrott
gu zhe

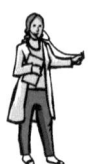

läkare

yi sheng

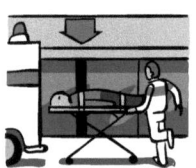

akutmottagning

ji zhen shi

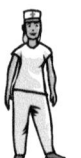

sjuksköterska

hu shi

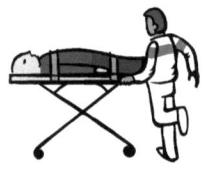

nödsituation

jin ji qing kuang

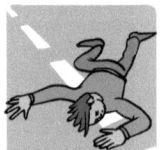

medvetslös

hun mi

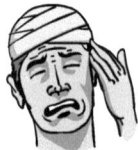

smärta

tong

skada

shou shang

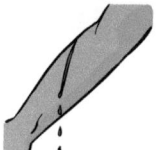

blödning

chu xue

hjärtattack

xin zang bing fa zuo

slaganfall

zhong feng

allergi

guo min

hosta

ke sou

feber

fa shao

influensa

liu gan

diarré

fu xie

huvudvärk

tou tong

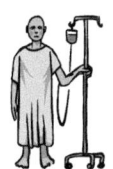

cancer

ai zheng

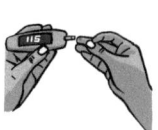

diabetes

tang niao bing

kirurg

wai ke yi sheng

skalpell

shou shu dao

operation

shou shu

CT

CT

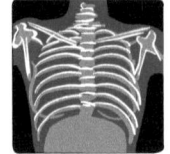

röntgen

X guang

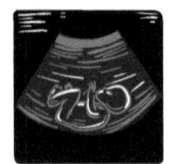

ultraljud

chao sheng bo

ansiktsmask

kou zhao

sjukdom

ji bing

väntsal

hou zhen shi

krycka

guai zhang

plåster

shi gao

bandage

beng dai

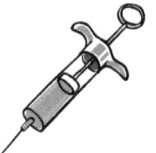

injektion

zhu she

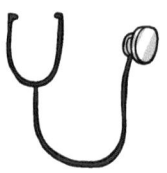

stetoskop

ting zhen qi

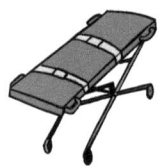

bår

dan jia

termometer

ti wen ji

födsel

chu sheng

övervikt

chao zhong

hörapparat

zhu ting qi

desinfektionsmedel

xiao du ye

infektion

gan ran

virus

bing du

HIV / AIDS

ai zi bing

medicin

yao wu

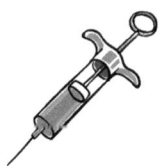

vaccination

jie zhong yi miao

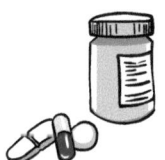

tabletter

yao pian

p-piller

yao wan

nödsamtal

ji jiu dian hua

blodtrycksmätare

xue ya ji

sjuk / frisk

sheng bing/jian kang

Hjälp!

jiu ming!

alarm

jing bao

överfall

tu ji

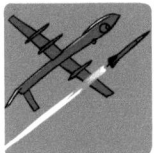

misshandel

gong ji

fara

wei xian

nödutgång

jin ji chu kou

Det brinner!

zhao huo la!

brandsläckare

mie huo qi

olycka

yi wai

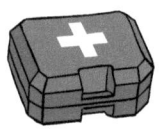

förbandslåda

ji jiu xiang

SOS

hu jiu xin hao

polis

jing cha

Europa

ou zhou

Nordamerika

bei mei zhou

Sydamerika

nan mei zhou

Afrika

fei zhou

Asien

ya zhou

Australien

ao zhou

Atlanten

da xi yang

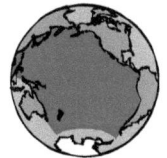

Stilla Havet

tai ping yang

Indiska Oceanen

yin du yang

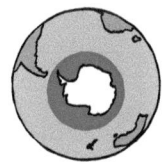

Antarktiska Oceanen

nan bing yang

Arktiska Oceanen

bei bing yang

Nordpol

bei ji

Sydpol

nan ji

Antarktis

nan ji zhou

Jorden

di qiu

land

lu di

hav

hai

ö

dao

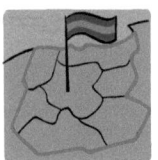

nation

guo jia

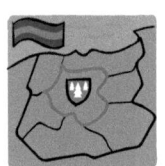

stat

guo jia

urtavla

zhong mian

timvisare

shi zhen

minutvisare

fen zhen

sekundvisare

miao zhen

Vad är klockan?

xian zai ji dian?

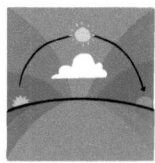

dag

tian

tid

shi jian

nu

xian zai

digital klocka

dian zi biao

minut

fen

timme

shi

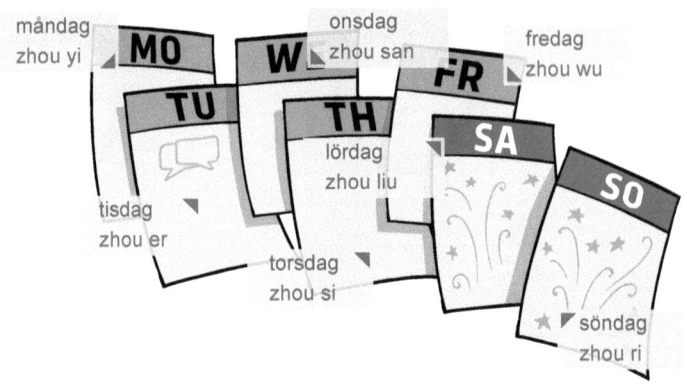

måndag
zhou yi

onsdag
zhou san

fredag
zhou wu

lördag
zhou liu

tisdag
zhou er

torsdag
zhou si

söndag
zhou ri

igår

zuo tian

idag

jin tian

imorgon

ming tian

morgon

zao chen

middag

zhong wu

kväll

wan shang

vardagar

gong zuo ri

helg

zhou mo

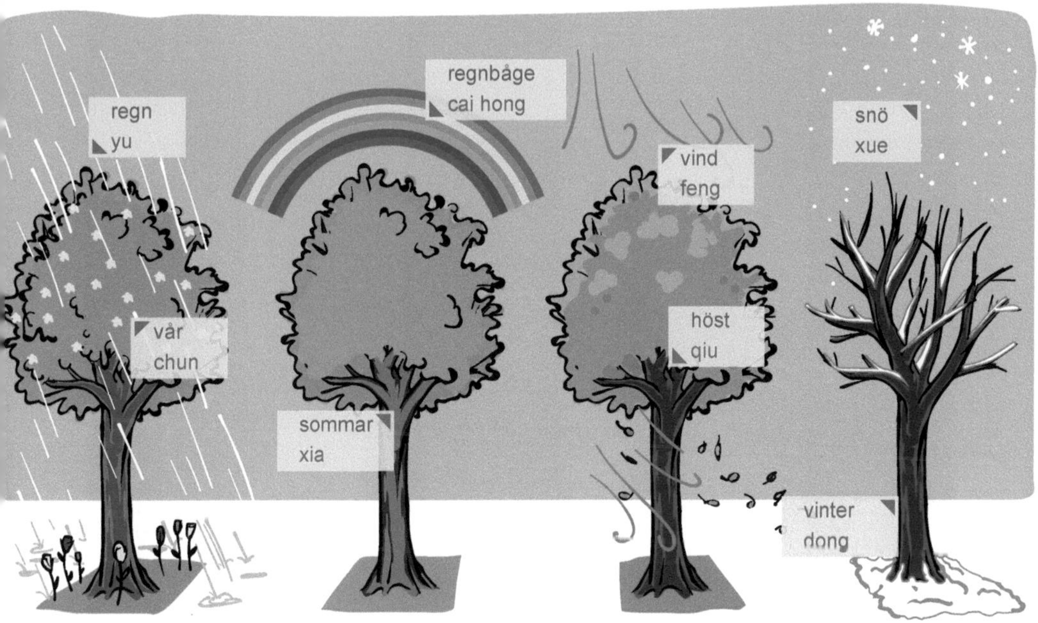

regn
yu
regnbåge
cai hong
vind
feng
snö
xue
vår
chun
sommar
xia
höst
qiu
vinter
dong

4.APRIL 11°
5.APRIL 4°
6.APRIL 13°
7.APRIL 8°
8.APRIL 10°

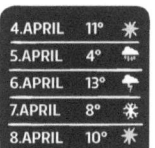

väderprognos

tian qi yu bao

F C
120 40
90 30
60 20
30 10
0 0
-30 -10
-20

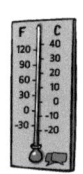

termometer

wen du ji

solsken

yang guang

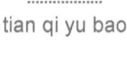

moln

yun

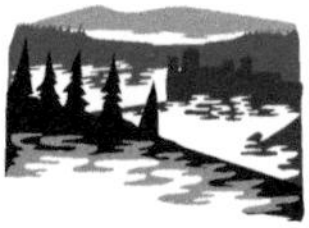

dimma

wu

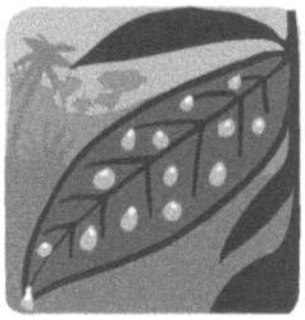

luftfuktighet

chao shi

blixt

shan dian

åska

da lei

storm

feng bao

hagel

bing bao

monsun

ji feng

översvämning

hong shui

is

bing

januari

yi yue

februari

er yue

mars

san yue

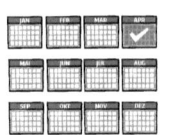

april

si yue

maj

wu yue

juni

liu yue

juli

qi yue

augusti

ba yue

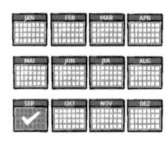

september
....
jiu yue

oktober
....
shi yue

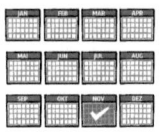

november
....
shi yi yue

december
....
shi er yue

former

xing zhuang

cirkel
....
yuan xing

kvadrat
....
zheng fang xing

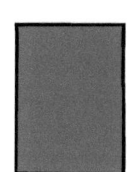

rektangel
....
chang fang xing

triangel
....
san jiao xing

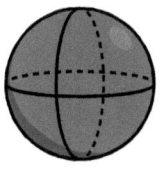

sfär
....
qiu ti

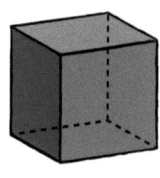

kub
....
li fang ti

vit

bai

gul

huang

orange

cheng

rosa

fen

röd

hong

lila

zi

blå

lan

grön

lü

brun

zong

grå

hui

svart

hei

mycket / lite

hen duo/shao xu

arg / lugn

sheng qi/ping jing

vacker / ful

mei/chou

början / slut

shou/wei

stor / liten

da/xiao

ljus / mörk

ming/an

bror / syster

xiong di/jie mei

ren / smutsig

gan jing/ang zang

komplett / ofullständig

wan zheng/que shi

dag / natt

bai tian/wan shang

död / levande

si/sheng

bred / smal

kuan/zhai

ätlig / oätlig

ke shi yong/fei shi yong

ond / god

xie e/shan liang

upphetsad / uttråkad

xing fen/wu liao

tjock / smal

pang/shou

först / sist

di yi/zui hou

vän / fiende

peng you/di ren

full / tom

man/kong

hård / mjuk

ying/ruan

tung / lätt

zhong/qing

hunger / törst

e/ke

sjuk / frisk

sheng bing/jian kang

olaglig / laglig

fei fa/he fa

intelligent / dum

cong ming/yu ben

vänster / höger

zuo/you

nära / långt bort

jin/yuan

ny / begagnad

xin/jiu

inget / något

mei you/you xie

gammal / ung

lao/you

på / av

kai/guan

öppen / stängd

da kai/he shang

tyst / högljudd

an jing/chao nao

rik / fattig

fu/qiong

rätt / fel

dui/cuo

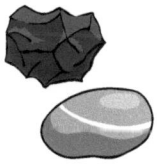

grov / slät

cu cao/guang hua

ledsen / glad

shang xin/gao xing

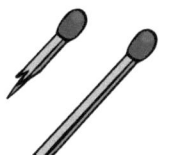

kort / lång

duan/chang

långsam / snabb

man/kuai

våt / torr

shi/gan

varm / sval

wen nuan/liang shuang

krig / fred

zhan zheng/he ping

0

noll

ling

1

ett

yi

2

två

er

3

tre

san

4

fyra

si

5

fem

wu

6

sex

liu

7

sju

qi

8

åtta

ba

9

nio

jiu

10

tio

shi

11

elva

shi yi

12
tolv

shi er

13
tretton

shi san

14
fjorton

shi si

15
femton

shi wu

16
sexton

shi liu

17
sjutton

shi qi

18
arton

shi ba

19
nitton

shi jiu

20
tjugo

er shi

100
hundra

bai

1.000
tusen

qian

1.000.000
miljon

bai wan

språk

yu yan

engelska

ying yu

amerikansk engelska

mei shi ying yu

kinesisk mandarin

pu tong hua

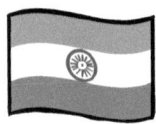

hindi

yin di yu

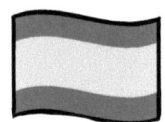

spanska

xi ban ya yu

franska

fa yu

arabiska

a la bo yu

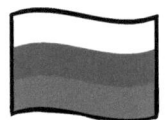

ryska

e yu

portugisiska

pu tao ya yu

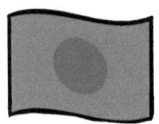

bengali

feng jia la yu

tyska

de yu

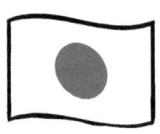

japanska

ri yu

jag

wo

du

ni

han / hon / den (det)

ta/ta/ta

vi

wo men

ni

ni men

de

ta men

vem?

shei?

vad?

shen me?

hur?

zen yang?

var?

na li?

när?

shen me shi hou?

namn

ming zi

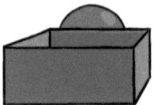

bakom

hou mian

i

li mian

framför

qian mian

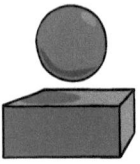

över

shang fang

på

shang mian

under

xia mian

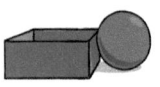

bredvid

pang bian

mellan

zhong jian

plats

di dian